Hab ich heute schon gesagt, wie sehr ich dich liebe?

Illustrationen von Margit Poxleitner

Text von Tina Herold

GROH

für

meinen Schatz

Micha

Hab ich heute schon gesagt,

wie sehr ich dich mag?

Wie der Mond

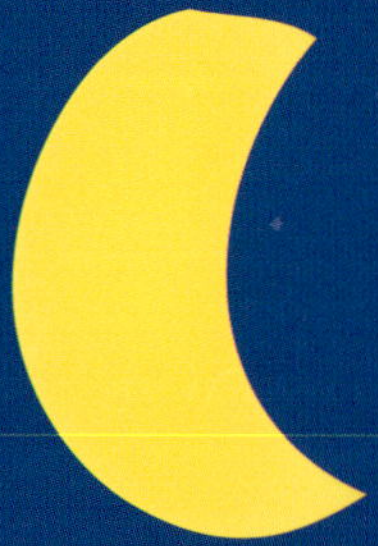

die Nacht,

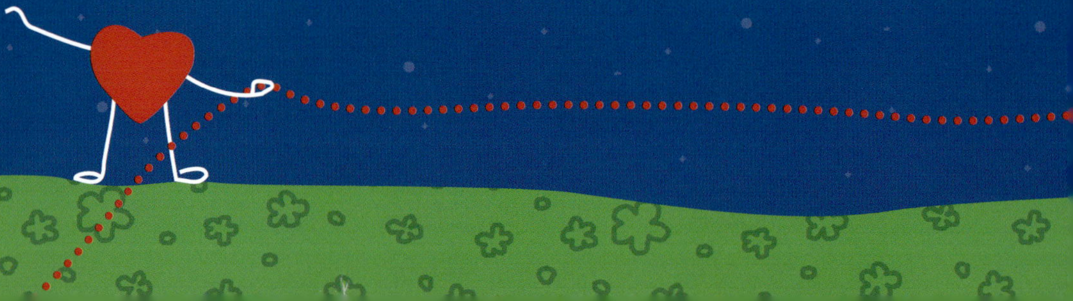

die Sonne den Tag.

Mit dir an meiner Seite

sehe ich die schönsten Dinge,

auch wenn ich meine Augen

fest geschlossen hab.

Du bist mein guter Stern,

der mir im Dunkeln scheint.

Ohne dich wär mir alles
nur schnuppe.

Ich liebe dich so sehr …

Dich geb ich nicht mehr her.

SONDERAKTION!
Nur heute!
Herz gegen Euro!
Alles cash!
MEGA-
UMTAUSCHAKTION
2 für 1!
Die große Chance!
Heute zum letzten Mal!

Du tust mir auf ganzer Linie gut.

Ich fühl mich so leicht,

dass ich – dann und wann –

sogar auf Wolken schweben kann.

Wolke 7
Krs.
Himmelreich-Ost
Mit dir auf Wolke 7!

Schritt für Schritt

geht mein Herz mit deinem mit ...

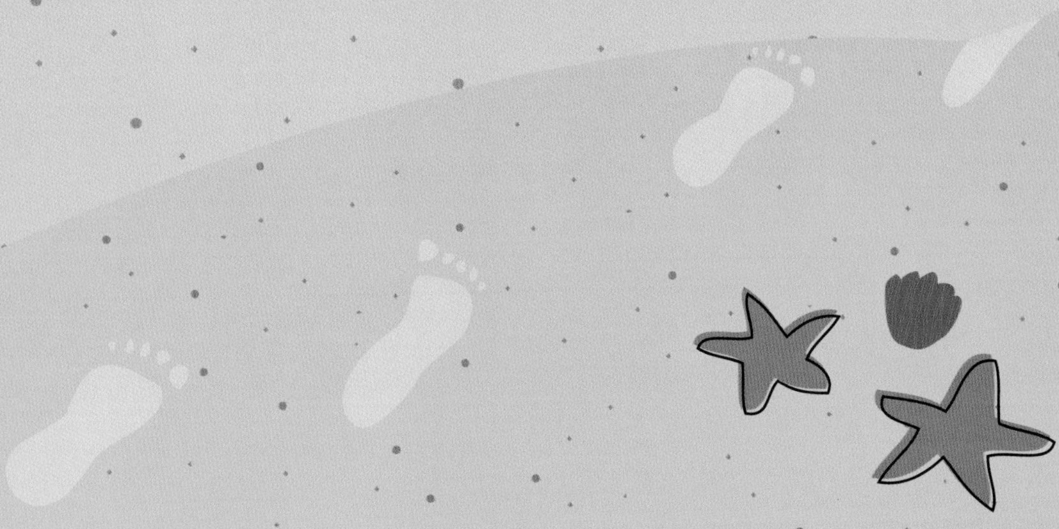

Ich hab's wohl an dich verloren ...

Du bist mein Feuer in der Glut,

wärmst und hältst mich,

tust mir gut.

Ich liebe dich so sehr

wie die Möwe den Wind,

der Delfin das Meer.

Ohne dich
ist alles fad.

Du bist das Salz

in meiner Suppe …

Hab ich heute schon gesagt,

wie sehr ich dich liebe?

Wie Gelegenheit die Diebe.

Herz gestohlen!

Du verleihst mir Flügel –

ich brauch nur an dich zu denken,

dann habe ich

Schmetterlinge im Bauch.

Du bist

mein allergrößter Schatz.

Mit dir tauch ich am liebsten ab.

Du gibst allem

einen tieferen Sinn.

Ob Norden, Osten, Süden, Westen –
bei dir ist's doch am allerbesten!

NORDEN
ziemlich kalt
OSTEN
langweilig
SÜDEN
ziemlich heiß
WESTEN
gefährlich

Du bist die Melodie

in meinem Lieblingslied,

der heiße Groove
und wilde Beat …

Einzeln
sind wir Worte,
zusammen
ein Gedicht.
Georg Bydlinski
A B C D E F G H I J K L M N

In meinem Alphabet

bist du das A bis Z –

ohne dich ist nichts komplett.

Du bist die Antwort auf alle meine Fragen.

Wer?
Warum?
Wofür?
Wie lange?

Was mir so gut an dir gefällt:

Du zeigst mir die Wunder dieser Welt.

Du bist ein Traum,

der Wirklichkeit geworden ist ...

Träume sind keine Schäume.

Heute
liebe ich
dich mehr
als gestern,
doch
weniger noch
als ich
dich morgen
lieben werde!

Ich liebe dich so sehr ...

Jeden Tag ein bisschen mehr ...

Für irgendjemand bist du einfach du,

für mich die Welt
und so viel mehr dazu ...

Du bist ein guter Anfang

und ein noch viel besseres Ende.

Schön, dass es dich gibt

In dieser Reihe sind bisher erschienen:

Hab ich heute schon gesagt, wie sehr ich dich liebe?
(ISBN 978-3-89008-458-9)

Hab ich heute schon gesagt, dass du wunderbar bist?
(ISBN 978-3-89008-457-2)

Hab ich heute schon gesagt, dass du eine tolle Mama bist?
(ISBN 978-3-89008-499-2)

Hab ich heute schon gesagt, dass du ein toller Papa bist?
(ISBN 978-3-89008-500-5)

Illustrationen von Margit Poxleitner
Text von Tina Herold

077002-4253-01

Ein Lächeln schenken

Geschenke sollen ein Lächeln auf Gesichter zaubern und die Welt für einen Moment zum Stehen bringen. Für diesen Augenblick entwickeln wir mit viel Liebe immer neue GROH-Geschenke, die berühren.

In ihrer großen Themenvielfalt und der besonderen Verbindung von Sprache und Bild bewahren sie etwas sehr Persönliches.

Den Menschen Freude zu bereiten und ein Lächeln zu schenken, das ist unser Ziel seit 1928.

Ihr

Joachim Groh

GROH